Editor
Eric Migliaccio

Managing Editor
Ina Massler Levin, M.A.

Cover Artist
Marilyn Goldberg

Art Production Manager
Kevin Barnes

Imaging
James Edward Grace
Rosa C. See

Publisher
Mary D. Smith, M.S. Ed.

Word Searches

Grades 2-3

Author

Michael H. Levin, M.A., N.B.C.T.

Teacher Created Resources, Inc.
12621 Western Avenue
Garden Grove, CA 92841
www.teachercreated.com
ISBN: 978-1-4206-5994-8

©2006 Teacher Created Resources, Inc.
Reprinted, 2017
Made in U.S.A.

Table of Contents

Introduction

Kids and puzzles just seem to go together. Kids love to figure them out; and while they're using their positive brain energy, they are reinforcing many of the concepts we hope they will learn. In this series, we have concentrated on two of their favorites—Crossword Puzzles and Word Searches. They have been developed for the primary grades, where concentration and mental dexterity needs constant practice.

You will find 52 word searches on the following pages that will delight your students on a variety of subjects. In the puzzles the words can be found in the following ways:

* horizontally   * diagonally

* vertically   * backwards in all
                                    three directions

Your students will enjoy finding the words, of course. However, the puzzles were designed to allow you to further use them in your course of study. There are puzzles with the names of insects, sea life, musical instruments, and countries. These can aid you in your curriculum or be a starting point for oral and written reports. If you assign each of your students the name of a country, for example, you can have them research its history and explain its important natural resources.

On page 5 you will find a puzzle listing animal habitats. If you assign each student one habitat, he or she could bring in a picture of an animal that lives in that geographic area. What a great bulletin board display this could make! On pages 42 and 43 there is a list of popular female and male names. Why not have students ask their parent for the most popular name in their families? If the parent can relate a story about one of those relatives, it would make a great oral report for your students. If your students are beginning their work on parts of speech, there are puzzles that can help them with their understanding. Have your students create their own lists of nouns, verbs, adjectives, and prepositions.

We hope these puzzles provide hours of enjoyment for your class. We know you'll be adding your own ideas about how to use them. Have fun!

Action Words

```
B  P  F  M  S  K  C  S  I  Q  P  L
E  M  I  H  P  U  A  O  M  U  E  I
P  W  I  A  O  A  T  E  D  I  L  S
S  J  I  L  N  P  C  K  K  D  L  T
N  N  U  U  C  T  H  R  O  W  D  E
T  E  R  M  H  F  G  G  S  Z  L  N
N  E  T  G  P  P  U  X  K  R  I  Z
U  W  U  I  L  C  O  F  I  A  U  V
V  A  A  A  L  U  C  K  P  G  B  T
L  Y  Y  Y  E  A  T  T  S  O  N  E
E  R  G  B  E  P  U  R  Z  J  T  Y
K  O  O  L  V  R  E  A  D  W  C  E
```

Find these verbs in the puzzle.

BUILD	LISTEN	SWIM
CATCH	LOOK	THROW
CLIMB	PAINT	YAWN
COUGH	PLAY	
EAT	READ	
HOP	RUN	
JOG	SKIP	
JUMP	SLIDE	
LAUGH	SMILE	

Animal Habitats

```
R   C   K   L   A   G   R   A   L   O   P   H
W   E   A   S   T   R   E   S   E   D   A   T
S   O   V   V   G   A   C   I   C   N   R   I
E   N   O   I   E   S   E   T   N   F   F   D
H   D   I   D   R   S   Z   A   I   O   E   E
S   N   S   A   L   L   V   T   E   C   E   P
R   O   U   E   T   A   U   I   J   E   R   O
A   P   K   L   S   N   N   Y   N   A   L   O
M   A   A   U   D   D   U   D   A   N   A   L
L   H   D   R   I   S   F   O   S   S   R   C
P   R   A   I   R   I   E   S   M   G   O   O
T   S   E   R   O   F   N   I   A   R   C   Z
```

Animals live in all kinds of places. In the puzzle, find these
places where animals live.

ARCTIC	**POLAR**
CAVE	**POND**
CORAL REEF	**PRAIRIES**
DESERTS	**RAINFOREST**
GRASSLANDS	**RIVER**
LAKE	**SAVANNAH**
MARSHES	**TIDEPOOL**
MOUNTAINS	**TUNDRA**
OCEANS	**WOODLANDS**

Babies Need So Many Things

```
P  O  W  D  E  R  K  Z  T  K  W
E  I  K  O  O  C  E  S  E  T  B
F  T  P  F  R  C  Y  A  K  O  E
R  E  I  F  I  C  A  P  N  Y  L
L  S  N  U  R  Z  R  M  A  P  T
A  I  J  A  S  E  M  L  L  L  T
E  Z  D  R  P  Y  U  L  B  A  O
R  L  K  A  Q  M  A  S  N  Y  B
E  R  I  C  R  I  B  L  P  P  T
C  D  D  O  S  L  E  E  P  E  R
Z  D  F  E  L  T  T  A  R  N  X
```

Find these items that babies might need in the puzzle.

BLANKET	DIAPER	PLAYSUIT
BOTTLE	FORMULA	POWDER
CEREAL	JUICE	RATTLE
COOKIE	NAP	SLEEPER
CRADLE	PACIFIER	TOY
CRIB	PLAYPEN	

Call It "Art"

```
V  T  W  U  B  F  H  Z  D  J  P  Y  C  G  F
M  Y  R  Z  K  F  A  O  W  R  F  R  O  W  U
O  I  L  P  A  I  N  T  I  N  G  L  M  N  R
D  A  N  C  E  S  U  N  T  E  K  E  P  R  N
F  P  V  O  C  I  T  H  R  H  R  W  U  O  I
I  Y  H  I  B  M  E  U  N  U  U  E  T  L  T
L  L  M  O  A  A  T  M  T  W  H  J  E  O  U
M  O  H  K  T  A  N  C  U  V  D  J  R  C  R
C  K  I  E  R  O  E  O  L  S  B  O  A  R  E
A  N  R  E  X  T  G  A  I  Y  I  G  R  E  I
G  M  T  R  I  D  W  R  H  W  C  T  T  P
O  I  T  H  G  N  I  P  A  C  S  D  N  A  L
L  N  C  A  I  F  X  X  A  P  R  A  I  W  N
Q  R  G  N  I  W  A  R  D  V  H  D  F  H  Y
A  S  C  U  L  P  T  U  R  E  D  Y  U  C  L
```

Art comes in many forms. Find these different kinds of art in the puzzle.

ARCHITECTURE	**FURNITURE**	**MUSIC**
COMICS	**JEWELRY**	**OIL PAINTING**
COMPUTER ART	**LANDSCAPING**	**PHOTOGRAPHY**
DANCE	**LITERATURE**	**PRINTMAKING**
DRAWING		**SCULPTURE**
FASHION		**THEATER**
FILM		**WATERCOLOR**

Cinderella Around the World

C	A	S	H	A	N	A	U	O	J	A	A
H	I	Y	W	Q	O	M	U	U	D	L	S
E	Y	N	A	U	L	O	C	A	L	I	O
R	E	A	D	N	L	L	M	E	R	T	O
A	H	N	H	E	I	U	R	R	H	I	T
T	S	G	H	E	R	E	X	A	O	M	F
T	H	K	W	A	D	L	A	E	D	O	A
E	E	A	G	N	N	A	A	P	O	D	C
S	N	T	I	K	E	L	B	D	P	M	E
F	Y	C	O	K	C	G	M	A	I	A	K
R	O	U	G	H	F	A	C	E	S	H	V
P	U	H	E	H	E	Z	Y	E	R	A	N

Many cultures have a Cinderella story. Find these international Cinderellas in the puzzle.

ABADEHA (Philippine)

CENDRILLON (French, Caribbean)

CINDERLAD (Irish)

DOMITILA (Mexican)

MAHA (Iraqi)

PEAR (Korean)

RHODOPIS (Egyptian)

SETTARE (Persian)

YEH-SHEN (Chinese)

CINDERELLA (English)

DAMURA (Spice Islands)

JOUANAH (Hmong)

NAYA (Inuit)

REYZEHEH (Polish, Jewish)

ROUGH-FACE (Algonquin, Native American)

SOOTFACE (Ojibwa, Native American)

ANGKAT (Cambodian)

Colorful Flowers

```
R  P  S  O  M  P  X  D  C  C  W  M  J
L  H  F  U  I  Y  L  U  A  S  I  U  C
N  R  O  L  S  O  O  R  Z  B  S  I  P
B  E  U  D  G  S  N  O  E  T  T  N  O
Y  T  K  I  O  A  I  G  P  R  E  A  I
N  S  R  U  T  D  O  C  O  G  R  R  N
V  A  I  I  D  N  E  S  R  H  I  E  S
M  B  O  A  I  Z  E  N  B  A  A  G  E
I  N  L  A  D  R  U  H  D  M  N  A  T
R  E  W  O  L  F  N  U  S  R  L  S  T
I  K  E  P  D  I  H  C  R  O  O  W  I
S  H  N  X  B  V  L  I  L  A  C  N  A
Y  S  R  Z  R  H  I  B  I  S  C  U  S
```

These are names of flowers. Find them in the puzzle.

ASTER	**IRIS**	**POINSETTIA**
BEGONIA	**KUDZU**	**RHODODENDRON**
CARNATION	**LILAC**	**ROSE**
DAISY	**MARIGOLD**	**SUNFLOWER**
GERANIUM	**NARCISSUS**	**TULIP**
HIBISCUS	**ORCHID**	**WISTERIA**

Colors

```
I  H  Z  H  P  U  S  I  L  V  E  R  V
A  W  Q  E  G  I  E  B  A  K  O  A  U
N  B  D  T  C  N  L  M  V  S  C  M  J
G  Z  P  L  U  D  P  V  E  K  R  W  O
I  E  K  C  O  I  R  L  N  R  E  K  Y
A  A  T  R  J  G  U  I  D  K  A  H  Z
P  O  G  I  C  O  P  P  E  R  M  L  Y
H  D  D  V  H  T  F  G  R  E  E  N  D
W  K  B  R  O  W  N  P  M  M  A  K  Y
J  O  C  H  C  A  E  P  O  V  L  E  Y
E  R  L  A  R  O  C  N  Y  S  Z  M  B
A  E  W  O  L  L  E  Y  A  R  G  V  B
V  I  E  U  L  B  A  A  S  T  H  S  N
```

Find these names of colors in the puzzle.

BEIGE	**GOLD**	**ORANGE**
BLACK	**GRAY**	**PEACH**
BLUE	**GREEN**	**PURPLE**
BROWN	**HOT PINK**	**RED**
COPPER	**INDIGO**	**ROSE**
CORAL	**LAVENDER**	**SILVER**
CREAM	**LEMON**	**WHITE**
EMERALD	**NAVY**	**YELLOW**

Compound Words

R	E	T	H	G	I	F	E	R	I	F	N	C	W
Z	G	S	C	S	M	F	K	B	W	M	H	B	L
P	O	E	Y	D	U	E	O	S	M	E	C	L	T
I	R	R	G	A	I	R	A	O	E	P	A	H	C
S	F	O	A	D	D	I	B	S	T	B	Q	U	C
T	L	F	W	I	L	H	E	H	T	B	P	O	G
A	L	N	V	B	N	B	T	E	T	C	A	I	L
R	U	I	O	A	U	B	K	R	A	O	L	L	V
F	B	A	C	R	M	S	O	K	I	T	O	A	L
I	T	R	G	R	A	Y	E	W	E	B	P	T	L
S	Y	E	I	B	L	L	E	H	S	A	E	S	V
H	R	S	K	A	T	E	B	O	A	R	D	V	A
B	A	T	H	R	O	B	E	Z	M	C	P	E	Q
A	F	M	I	A	Z	X	X	E	J	O	A	D	Y

Compound words are made from two shorter words. Find these compound words in the puzzle.

BASKETBALL   **BIRTHDAY**   **RAINBOW**

BATHROBE   **BULLFROG**   **RAINFOREST**

                               CHEESEBURGER   **SAILBOAT**

                               CUPCAKE   **SEASHELL**

                               FIREFIGHTER   **SKATEBOARD**

                               FOOTBALL   **STARFISH**

                                                          TOOTHBRUSH

Compound Words A to Z

```
L  Q  V  N  K  J  X  L  I  P  S  T  I  C  K
J  L  Z  E  T  W  E  O  T  P  I  T  M  Y  P
N  R  A  P  A  F  I  L  O  Z  F  B  W  A  S
E  W  M  B  G  E  N  T  L  E  M  A  N  W  H
O  J  O  O  Y  C  Q  V  X  Y  S  R  N  H  O
Z  L  P  T  O  E  O  K  H  H  F  A  E  G  E
N  L  L  A  N  N  L  N  C  E  V  I  W  I  L
O  A  A  R  G  W  W  L  T  T  K  N  S  H  A
O  B  Y  M  O  V  O  A  O  S  F  B  P  H  C
N  T  P  Y  F  T  M  D  L  V  H  O  A  X  E
R  O  E  B  H  S  K  B  O  K  O  W  P  X  X
E  O  N  J  S  H  K  O  L  L  A  B  E  Y  E
T  F  X  A  D  R  A  Y  K  C  A  B  R  G  F
F  J  L  D  N  A  T  S  R  E  D  N  U  E  V
A  C  N  U  I  O  A  T  M  E  A  L  F  Y  V
```

Compound words are made from two shorter words. Find these compound words in the puzzle.

AFTERNOON	**JELLYFISH**	
BACKYARD	**LIPSTICK**	
CLASSMATE	**MOONWALK**	
DOWNTOWN	**NEWSPAPER**	
EYEBALL	**OATMEAL**	**TIPTOE**
FOOTBALL	**PLAYPEN**	**UNDERSTAND**
GENTLEMAN	**RAINBOW**	**VOLLEYBALL**
HIGHWAY	**SHOELACE**	**WASHCLOTH**

Countries of the World

```
I  C  N  M  L  S  Y  R  E  B  G  H  L  Q  S
R  T  B  A  W  A  F  G  R  E  E  C  E  E  V
K  I  K  U  C  U  N  A  G  D  A  N  T  P  M
C  A  G  Q  U  D  Z  N  I  U  G  A  G  T  J
H  O  L  V  E  I  X  I  S  L  T  P  Y  G  E
Z  N  L  S  L  A  X  T  A  S  G  A  Z  N  U
S  C  P  O  A  R  R  N  D  D  N  J  F  E  A
Q  C  O  A  M  A  D  E  U  N  A  Y  N  E  K
R  O  H  S  L  B  T  G  N  O  A  N  T  H  S
C  W  A  I  T  I  I  R  R  V  C  L  A  O  L
H  P  A  D  N  A  L  A  E  Z  W  E  N  C  B
X  H  W  U  V  A  R  B  M  R  P  R  G  I  I
F  Y  U  R  O  D  W  I  T  N  X  P  O  X  F
L  Y  E  N  X  C  J  G  C  C  H  I  L  E  E
K  N  R  F  K  L  S  H  S  A  M  O  A  M  X
```

Find the names of countries in the puzzle.

ANGOLA	**COLOMBIA**	**KENYA**
ARGENTINA	**COSTA RICA**	**MEXICO**
AUSTRALIA	**EGYPT**	**NEW ZEALAND**
BRAZIL	**ENGLAND**	**SAMOA**
CANADA	**FINLAND**	**SAUDI ARABIA**
CHILE	**GREECE**	**UNITED STATES**
CHINA	**JAPAN**	

Days and Months

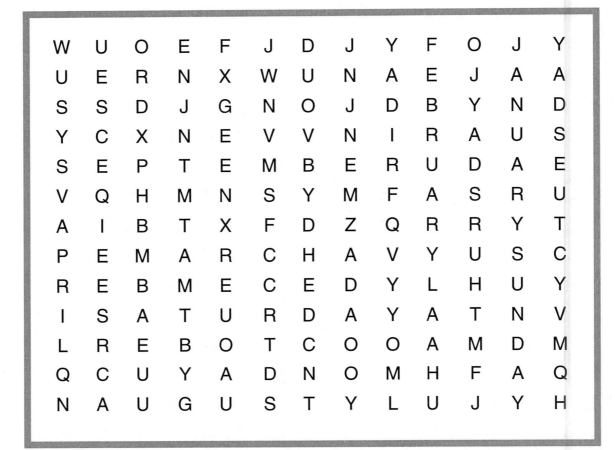

```
W  U  O  E  F  J  D  J  Y  F  O  J  Y
U  E  R  N  X  W  U  N  A  E  J  A  A
S  S  D  J  G  N  O  J  D  B  Y  N  D
Y  C  X  N  E  V  V  N  I  R  A  U  S
S  E  P  T  E  M  B  E  R  U  D  A  E
V  Q  H  M  N  S  Y  M  F  A  S  R  U
A  I  B  T  X  F  D  Z  Q  R  R  Y  T
P  E  M  A  R  C  H  A  V  Y  U  S  C
R  E  B  M  E  C  E  D  Y  L  H  U  Y
I  S  A  T  U  R  D  A  Y  A  T  N  V
L  R  E  B  O  T  C  O  O  A  M  D  M
Q  C  U  Y  A  D  N  O  M  H  F  A  Q
N  A  U  G  U  S  T  Y  L  U  J  Y  H
```

Find these names of days and months in the puzzle.

April
6

APRIL		OCTOBER
AUGUST		SATURDAY
DECEMBER		SEPTEMBER
FEBRUARY		SUNDAY
FRIDAY	MARCH	THURSDAY
JANUARY	MAY	TUESDAY
JULY	MONDAY	WEDNESDAY
JUNE	NOVEMBER	

Fairy Tales

```
C H U G U G L Y D U C K L I N G Y
W A G N I K G O R F O R O G L O N
D N A L R E D N O W N I E C I L A
E S A N I L E B M U H T O O T D O
A E E U Q U E E L C Y K T O T I S
R L R E U P A N C J I S O R L L N
E A L P E K A O O N P N M E E O O
I N L E I P N P G C B O T P M C W
B D A Y R I I E A U E W H I E K W
M G N E P E D A Q U A Q U P R S H
A R T U D E D Q U E S U M D M M I
B E A U T Y A N D T H E B E A S T
P T P I E D L N I G N E P I I C E
S E P I B E A U T C H N O P D O C
S L E E P I N G B E A U T Y T A C
```

These are titles of famous tales from around the world. Find them in the puzzle.

ALADDIN

ALICE IN WONDERLAND

BAMBI

BEAUTY AND THE BEAST

CINDERELLA

FROG KING

GOLDILOCKS

HANSEL AND GRETEL

LITTLE MERMAID

PETER PAN

PIED PIPER

PINOCCHIO

SLEEPING BEAUTY

SNOW QUEEN

SNOW WHITE

THUMBELINA

TOM THUMB

UGLY DUCKLING

Famous Pairs

Use the Word Box to complete the famous pairs below. Find the words in the puzzle.

Word Box				
FRIES	MOUSE	DOWN	SEEK	THIN
JELLY	YOUNG	WHITE	RIGHT	STONES
FRONT	COLD	DANCE	EGGS	BUTTER

```
T  D  E  P  V  A  R  G  K  W  M  Y
B  N  X  G  S  W  J  N  I  D  H  R
L  W  O  V  G  O  E  W  A  O  A  I
S  E  I  R  F  S  S  N  H  M  Y  G
Y  Q  G  N  F  E  X  V  U  I  X  H
L  X  Q  D  N  K  E  E  S  G  T  T
L  X  A  O  B  U  T  T  E  R  M  E
E  H  T  W  N  Z  P  K  T  O  C  U
J  S  N  N  I  M  B  H  U  N  O  W
C  C  O  L  D  T  I  S  A  Y  N  V
G  N  U  O  Y  N  E  D  O  U  N  G
```

BREAD AND _____

LEFT AND _____

UP AND _____

STICKS AND _____

CAT AND _____

OLD AND _____

HOT AND _____

SONG AND _____

BLACK AND _____

HAMBURGER AND _____

THICK AND _____

PEANUT BUTTER AND _____

BACK AND _____

HIDE AND _____

BACON AND _____

Famous Pairs II

Use the Word Box to complete the famous pairs below. Find the words in the puzzle.

Word Box

FORK	NEW	PEPPER	WATER	BALL
DAY	OLD	SHOUT	SOUND	BAD
CENTS	WRITE	TOMATO	THEN	CATS

G	A	E	L	O	T	T	R	H	I	K	V
H	X	H	R	J	U	E	U	I	W	O	J
M	Y	O	S	M	P	W	Y	O	A	G	G
R	Z	O	E	P	G	R	L	S	H	W	X
Z	L	V	E	T	F	I	P	W	A	S	N
D	L	P	O	E	H	T	S	T	E	K	J
T	O	M	A	T	O	E	E	O	L	N	S
S	T	N	E	C	B	R	N	L	U	I	B
T	Y	A	D	H	A	K	A	Y	J	N	B
A	F	O	R	K	D	B	K	L	S	S	D
C	N	E	O	H	Q	H	Z	U	B	T	V
B	B	L	T	L	T	Z	S	I	C	D	S

DOGS AND _____   **KNIFE AND** _____

TWIST AND _____   **LETTUCE AND** _____

OLD AND _____   **BAT AND** _____

NOW AND _____   **NIGHT AND** _____

READ AND _____   **DOLLARS AND** _____

GOOD AND _____   **SOAP AND** _____

SAFE AND _____   **SALT AND** _____

YOUNG AND _____

Feelings

```
L U F Y O J D V R Y S P
V A F R A I D D A T M D
L U F E C A E P L L A A
Y A K A O Y O O U I R S
X L L A O A N Y P U T T
N M D N E E W L O G W R
S E N N L W Q L P H Y O
C A R Y E X C I T E D N
A F H V R I W S D A L G
R S D J O G R Y P P A H
E I N J G U N F F Q V Q
D P R O U D S A X H C J
```

There are so many feelings beside "happy" and "sad." Find them in the puzzle.

AFRAID	**LONELY**	**SCARED**
ANGRY	**NERVOUS**	**SHY**
ANNOYED	**PEACEFUL**	**SILLY**
CALM	**POPULAR**	**SMART**
EXCITED	**PROUD**	**STRONG**
FRIENDLY	**SAD**	**WEAK**
GLAD		
GUILTY		
HAPPY		
JOYFUL		

Find the Nouns

```
L   Z   X   M   G   B   N   X   E   G   E   C
E   Y   Y   A   E   E   O   L   M   A   M   H
N   R   M   N   H   S   E   O   W   R   U   I
N   E   E   C   A   P   S   V   K   D   T   L
U   A   T   H   H   P   F   A   Y   E   S   D
T   I   Q   A   C   H   M   R   G   N   O   R
K   T   N   U   I   T   W   O   I   E   C   E
B   T   R   O   P   R   I   A   C   E   S   N
L   I   B   R   A   R   Y   P   A   O   N   Z
I   H   G   N   I   N   R   O   M   Q   I   D
T   R   A   C   T   O   R   L   I   G   H   T
T   E   K   C   I   T   T   D   F   S   N   C
```

Find these persons, places, and things in the puzzle.

AIRPORT	GAME	LIGHT
BOOK	GARDEN	MESSAGE
CHILDREN	KITCHEN	MORNING
COMPANY	LIBRARY	PITCHER
COSTUME		TICKET
ELEPHANT		TRACTOR
FRIEND		TUNNEL

Find the Past Tense

```
K U M D U R D E T F S C T T I
U N B W E N I H E U D O O T S
C D O R U D R Z R F W O F U C
F E U O E E I P W E T K M V K
R R F K W C R C N D S E T Q Q
O S G W P I O K E J X D U P I
Z T H N S T B G D D D R A N K
E O B E A D E D N E T E R P D
N O D U K S U C I I K R N A E
G D G S L L T L A D Z S G V N
O H C L A P P E D U R E A N N
T E V U Y E D P D H G O D A A
F M J J R T O G R O F H V G L
K A L E F T R O F X L W T E P
R C P N Q U D K N T V Z G B F
```

The words below are in the present tense. Find their past-tense forms in the puzzle.

ASK	DRIVE	RECOGNIZE
BEGIN	FIND	REPLY
CATCH	FORGET	SING
CLAP	FREEZE	STAND
COME	KNOW	SURPRISE
COOK	LEAVE	TEACH
DECIDE	PLAN	THROW
DRINK	PRETEND	UNDERSTAND

Find the Plurals.

```
U  S  N  M  S  S  Z  Y  S  M  E  N  P  H  S
Q  A  E  W  O  W  E  E  D  V  L  E  S  K  R
F  T  R  S  Q  N  S  H  S  A  N  I  E  U  A
V  H  D  Z  S  U  K  E  C  N  F  N  I  F  C
K  S  L  F  O  E  K  E  I  N  Q  A  B  S  V
F  F  I  H  J  A  R  E  Y  N  E  N  A  B  P
I  D  H  E  T  C  S  D  T  S  O  B  B  O  U
D  C  C  S  V  W  P  O  D  E  O  X  F  X  P
T  I  I  D  O  S  E  H  C  A  E  P  X  E  P
D  M  S  M  I  V  F  L  U  L  N  F  F  S  I
W  N  E  H  S  S  J  A  C  D  R  S  S  K  E
W  N  O  B  E  B  Y  J  W  H  E  E  L  S  S
X  X  L  W  M  S  I  B  U  V  F  V  J  M  B
D  E  I  G  P  T  S  E  I  R  A  R  B  I  L
H  T  E  E  T  A  N  I  M  A  L  S  R  L  S
```

The words below are singular. Find their plural forms in the puzzle.

ADDRESS	**DISH**	**MONKEY**
ANIMAL	**FISH**	**PEACH**
BABY	**FOOT**	**PENNY**
BENCH	**HOUSE**	**PUPPY**
BOX	**LIBRARY**	**TOOTH**
CAR	**MAN**	**WHEEL**
CHILD	**MISTAKE**	**WOMAN**

Find Them in Your Classroom

```
K  M  P  P  S  R  P  B  R  X  N  U
O  R  S  E  E  C  O  A  C  G  O  B
O  G  N  D  N  O  I  L  P  K  Y  O
B  R  L  U  K  M  F  S  M  E  A  A
L  O  J  C  C  P  K  Z  S  X  R  R
F  I  A  N  K  U  F  P  I  O  C  D
U  S  C  S  B  T  C  H  A  I  R  T
E  T  E  N  R  E  T  N  I  H  A  S
S  D  M  V  E  R  U  A  K  P  M  H
F  L  A  G  D  P  D  Y  E  S  T  P
D  I  C  T  I  O  N  A  R  Y  I  H
A  D  P  I  L  C  W  N  J  A  J  D
```

These are items found in your classroom. Circle them in the puzzle.

BOARD	**CRAYON**	**INTERNET**
BOOK	**DESK**	**PAPER**
BOOKCASE	**DICTIONARY**	**PEN**
CHAIR	**DISK**	**PENCIL**
CLIP	**FLAG**	**SCISSORS**
COMPUTER	**FOLDER**	**TAPE**

Fruits

```
G  T  N  E  T  L  M  X  S  K  S  S
R  O  O  B  L  U  M  N  E  E  H  G
A  C  M  G  L  P  I  V  I  T  O  O
P  I  E  P  K  S  P  R  R  Z  O  R
E  R  L  S  I  X  R  A  R  S  K  A
F  P  W  A  T  E  R  M  E  L  O  N
R  A  R  J  B  U  J  E  B  N  J  G
U  I  S  E  P  A  R  G  W  T  I  E
I  L  U  P  E  A  R  O  A  W  S  P
T  L  Z  V  Z  E  N  W  R  A  Q  R
B  A  E  P  U  O  L  A  T  N  A  C
B  A  N  A  N  A  B  J  S  B  K  H
```

Fruits have names that are both short and long. Find these in the puzzle.

APPLE	**GRAPES**	**PLUM**
APRICOT	**LEMON**	**RAISINS**
BANANA	**ORANGE**	**STRAWBERRIES**
BLUEBERRIES	**PEAR**	**WATERMELON**
CANTALOUPE	**PINEAPPLE**	
GRAPEFRUIT		

Geography Clues

Figure out the sentence clues below. Use the letters given and the answers from the Word Box to help you.

Word Box			
VOLCANO	AUSTRALIA	OCEANS	SOUTH POLE
CALIFORNIA	FRANCE	MOUNTAINS	EARTHQUAKE
EQUATOR	JUNGLE	HAWAII	LAKE

```
S   H   R   Q   P   W   X   I   A   M   T   R
F   O   G   O   D   N   I   Q   O   J   W   M
S   J   U   G   T   A   M   U   P   E   N   E
S   S   Q   T   W   A   N   F   K   Q   A   C
O   Y   N   A   H   T   U   A   R   H   U   N
V   N   H   A   A   P   U   Q   Y   T   S   A
W   O   E   I   E   Q   O   L   E   A   T   R
O   A   N   A   H   C   P   L   D   Q   R   F
Y   S   A   T   N   N   O   T   E   L   A   L
X   T   R   O   N   A   C   L   O   V   L   A
C   A   L   I   F   O   R   N   I   A   I   K
E   T   L   C   J   U   N   G   L   E   A   E
```

1. This is a mountain that "blows its top."   V _ _ C _ N _
2. It is very cold in this place.   S _ _ T H _ OL _
3. When the earth starts shaking, it could be this.   _ A _ T _ Q _ A _ E
4. This country's capital is Paris.   _ R _ _ C _
5. These are the world's largest bodies of water.   _ C _ A _ _
6. This U.S. state is the farthest west.   _ A _ A _ I
7. You might find a koala bear here.   _ U S _ R _ L _ _
8. You climb a long time to reach the top of these.   _ O U _ T _ I N _
9. This place has thick vegetation and wild animals.   _ U N _ L _
10. This body of water is good for swimming and boating.   _ A _ E
11. Many movies are made in this West Coast U.S. state.   _ A L _ F _ _ N _ A
12. This is an imaginary line around the center of the globe.   _ Q _ A _ O R

24

Halloween

```
R  W  Y  I  Y  N  I  G  H  T  Q  N
Y  W  J  Q  D  Z  W  S  V  U  R  J
T  R  I  C  K  O  R  T  R  E  A  T
T  S  F  T  A  C  P  B  T  T  O  F
D  U  C  F  C  U  O  N  W  S  C  A
N  E  A  A  M  H  A  T  S  O  T  L
L  V  S  P  R  L  Y  U  Q  H  O  L
K  W  K  E  O  E  K  D  Y  G  B  Q
L  I  Z  K  S  J  C  R  N  J  E  C
N  W  C  E  G  N  A  R  O  A  R  S
O  A  O  K  H  C  G  W  O  W  C  Y
J  L  Z  N  S  F  E  K  S  W  S  X
```

Halloween is one of our most popular celebrations. Find these words in the puzzle.

CANDY	**NIGHT**	**TRICK OR TREAT**
CAT	**OCTOBER**	**WITCH**
FALL	**ORANGE**	
FUN	**OWL**	
GHOST	**PUMPKIN**	
JACK O' **LANTERN**	**SCARECROW**	
	SCARY	

Healthy Foods

```
S  N  A  E  B  Y  O  S  E  Y  N  N
L  P  C  O  U  B  T  G  C  P  A  O
T  D  I  F  J  O  G  G  F  S  I  M
P  R  O  N  R  S  S  R  P  H  L  L
B  T  U  R  A  H  E  A  K  O  O  A
C  E  A  G  R  C  R  P  L  N  C  S
B  C  E  I  O  A  H  E  I  E  C  Q
A  L  M  T  G  Y  M  F  M  Y  O  D
R  P  A  U  S  B  P  R  A  U  R  Y
L  H  S  A  U  Q  S  U  R  W  B  N
E  S  T  A  O  R  A  I  S  I  N  S
Y  P  A  P  A  Y  A  T  U  N  A  E
```

How many of these healthy foods do you like to eat? Find the names of healthy foods in the puzzle.

ASPARAGUS	**HONEY**	**SOYBEANS**
BARLEY	**MILK**	**SPINACH**
BEETS	**OATS**	**SQUASH**
BROCCOLI	**PAPAYA**	**TOFU**
CARROTS	**RAISINS**	**TUNA**
EGGS	**SALMON**	**YAM**
GRAPEFRUIT	**SHRIMP**	**YOGURT**

In Your Kitchen

```
C  N  D  B  S  T  U  R  N  S  P  T
K  H  P  I  A  N  E  A  T  R  L  S
N  K  A  B  S  T  I  O  E  E  A  I
I  M  L  I  T  H  V  K  S  C  T  L
S  E  N  A  R  E  W  P  P  U  E  V
P  U  L  E  T  S  U  A  W  A  S  E
A  P  A  O  V  C  U  N  S  S  N  R
N  G  P  L  Z  O  U  Y  Y  H  Y  W
S  T  E  C  U  A  F  T  Y  P  E  A
R  E  F  R  I  G  E  R  A  T  O  R
I  P  E  P  P  E  R  T  L  A  S  E
P  O  T  S  I  H  G  K  Z  F  A  Y
```

There may be more items in the kitchen than any other room in the house. Find the names of these kitchen items in the puzzle.

CHAIRS	**PANS**	**SALT**
CUPS	**PEPPER**	**SAUCERS**
DISHWASHER	**PLATES**	**SILVERWARE**
FAUCETS	**PLATTER**	**SINK**
NAPKINS	**POTS**	**STOVE TOP**
OVEN	**REFRIGERATOR**	**TABLE**

Insects

```
D  H  I  P  A  S  Y  E  N  O  H  D  E  T
M  C  S  S  I  T  N  A  D  A  C  I  C  E
L  A  I  Y  L  F  N  O  G  A  R  D  O  N
W  O  N  E  W  S  D  I  H  P  A  Y  U  R
A  R  U  T  S  A  W  W  W  O  L  T  R  T
D  K  E  W  I  R  P  D  E  F  L  A  G  E
I  C  I  C  A  S  B  C  R  I  C  K  E  T
H  O  N  E  Y  B  E  E  V  E  E  M  W  I
H  C  A  E  S  A  T  E  E  N  O  W  A  M
P  A  N  T  S  T  E  A  N  T  H  E  S  R
A  V  U  V  U  W  A  S  H  A  L  G  H  E
Z  G  U  B  Y  D  A  L  O  O  N  E  K  T
```

Do you like to study insects? Find these names
of insects in the puzzle.

ANTS	**CRICKET**	**MANTIS**
APHID	**DRAGONFLY**	**MOTH**
BEETLE	**EARWIG**	**TERMITE**
BUTTERFLY	**HONEYBEE**	**WASP**
CICADA	**KATYDID**	**WEEVIL**
COCKROACH	**LADYBUG**	

It's All About Time

```
G   P   D   R   T   W   E   H   T   E   H   A
C   N   M   I   A   H   C   O   T   L   F   G
L   R   I   T   N   N   G   U   B   T   R   N
O   S   C   N   U   N   N   I   E   R   Y   I
C   H   L   L   R   I   E   R   N   Q   L   N
K   M   V   E   M   O   N   R   L   L   R   E
A   W   A   K   E   O   M   R   A   L   A   V
Y   A   D   A   O   P   T   T   B   H   E   E
Q   V   I   N   O   Y   E   X   I   O   D   W
T   S   A   F   K   A   E   R   B   U   O   J
G   B   Q   S   E   C   O   N   D   R   M   D
X   U   H   E   J   X   P   N   A   B   V   Z
```

Find these words about time in the puzzle.

AFTERNOON	**BREAKFAST**	**LATE**
ALARM	**CLOCK**	**LUNCH**
AWAKE	**DAY**	**MINUTE**
	DINNER	**MORNING**
	EARLY	**NIGHT**
	EVENING	**SECOND**
	HOUR	**SLEEP**
		WATCH

It's All Bread

```
C  K  A  E  T  T  E  U  G  A  B  R  T  A
I  C  Z  K  A  G  N  A  S  O  P  A  S  L
A  H  D  P  S  I  G  M  R  S  R  P  A  A
B  A  G  E  L  E  L  T  J  C  E  H  O  V
A  E  K  A  C  E  I  T  T  O  T  S  T  A
T  N  F  K  X  L  S  R  E  N  Z  A  A  L
T  O  O  C  L  M  H  I  O  E  E  V  B  L
A  P  C  A  N  A  M  P  I  T  L  A  L  I
P  N  A  B  A  N  U  P  Z  W  I  L  E  T
I  R  C  E  P  T  F  A  R  L  B  A  M  R
T  O  C  I  N  O  F  B  N  A  A  N  M  O
A  C  I  W  A  U  I  D  A  P  P  A  P  T
W  E  A  Z  P  A  N  D  E  B  O  N  O  S
```

Each word listed is a type of bread from a different country. Find each bread word in the puzzle.

BAGUETTE	**FOCACCIA**	**PITA**
ANPAN	**LAVASH**	**PRETZEL**
BAGEL	**MAITORIESKA**	**SANGAK**
BAPPIR	**MANTOU**	**SCONE**
CIABATTA	**MELBA TOAST**	**STOTTIE CAKE**
CORNPONE	**NAAN**	**TORTILLA**
ENGLISH MUFFIN	**PAN DE BONO**	**ZWIEBACK**
FARL	**PAPPAD**	

Look for the Adjectives

```
O  K  G  V  Q  M  C  J  Y  U  T  A
U  R  A  X  Q  T  I  Z  H  T  N  F
E  L  B  I  S  S  O  P  M  I  E  R
Y  G  U  F  F  H  S  V  T  N  R  A
R  X  N  F  O  N  U  N  C  Y  E  I
G  I  A  O  I  O  A  G  W  S  F  D
N  S  J  N  R  T  L  D  E  Q  F  Z
A  T  E  E  R  T  U  I  E  P  I  F
Z  T  D  O  Z  N  S  A  S  R  D  Y
Y  L  P  B  L  U  E  K  E  H  W  L
O  M  S  T  R  A  N  G  E  B  N  S
I  F  H  T  O  O  M  S  K  A  E  W
```

Adjectives are words that tell more information about other words. Find these adjectives in the puzzle.

AFRAID	**OLDER**	**STRONG**
ANGRY	**RED**	**TINY**
BEAUTIFUL	**SIX**	**WEAK**
BLUE	**SMOOTH**	
DIFFERENT	**STRANGE**	
FOOLISH		
HUGE		
IMPORTANT		
IMPOSSIBLE		
NINETY		

Mathematical Terms A to Z

```
N  E  H  E  Q  U  A  R  T  E  R  E
E  X  C  C  V  H  I  N  C  H  L  G
X  Y  U  N  C  C  T  K  R  G  H  R
T  T  A  E  O  I  I  O  N  L  U  A
V  T  S  R  I  F  R  A  B  O  R  L
A  Q  E  E  D  P  I  C  H  X  E  I
L  Z  N  F  J  R  U  V  L  S  M  N
U  U  Q  F  T  O  A  O  U  E  O  E
E  S  N  I  O  L  I  N  R  L  V  V
C  U  V  D  I  E  I  N  K  G  E  E
B  L  N  K  E  M  S  H  A  P  E  L
U  P  E  Q  V  R  E  L  O  H  W  Q
```

These are words about math. Find them in the puzzle.

ALIKE	MINUS	SHAPE
BOTH	NEXT	TRIANGLE
CIRCLE	ONCE	UNDER
DIFFERENCE	PLUS	VALUE
EVEN	QUARTER	WHOLE
FIRST	REMOVE	YARD
GROUP		ZERO
HOUR		
INCH		
JOIN		
LARGE		

Mix and Match

```
H   D   O   O   W   Y   L   P   Y   Z   E   I   Y
O   T   C   P   U   M   M   C   P   K   J   V   R
N   P   B   O   Q   S   Z   O   A   X   Z   T   A
E   Y   L   O   V   J   K   N   P   H   Y   A   I
Y   P   S   A   L   E   S   P   E   R   S   O   N
M   U   D   F   Y   E   R   A   B   O   K   B   B
O   N   B   A   L   G   D   H   S   G   W   L   O
O   I   H   T   O   L   R   V   E   R   X   I   W
N   B   T   M   I   R   B   O   N   A   S   A   W
A   A   W   G   Q   V   L   Q   U   L   D   S   D
R   F   H   N   T   H   G   I   L   N   O   O   M
I   T   H   A   X   D   G   B   A   A   D   E   C
T   A   K   E   O   V   E   R   Y   R   L   X   F
```

Form 12 compound words by combining two of these words. Circle each in the puzzle.

HONEY   **PLY**

ROAD   **SALES**

RAIL   **LIGHT**

SAIL   **MOON**

PERSON   **SNAKE**   **RAIN**

PLAY   **OVER**   **TAKE**

BOAT   **HEAD**   **GROUND**

WOOD   **RATTLE**   **BOW**

Musical Instruments

```
X  T  S  F  Q  D  R  P  C  T  P  I
T  A  E  O  L  A  U  L  N  E  I  P
M  K  A  P  T  U  A  I  L  N  A  A
S  T  V  I  M  R  T  J  M  R  N  H
E  A  U  G  I  U  C  E  G  O  O  A
B  G  X  N  G  M  R  G  R  C  T  R
D  B  E  O  K  M  P  T  F  O  F  M
W  T  Z  N  P  V  I  O  L  I  N  O
U  E  E  X  Z  H  M  U  R  D  R  N
U  E  N  O  B  M  O  R  T  G  J  I
T  F  U  G  W  X  C  N  A  T  O  C
P  B  E  P  M  I  Q  N  E  P  L  A
```

You can find the names of all these instruments in the puzzle.

CLARINET	**GUITAR**	**SAXOPHONE**
CORNET	**HARMONICA**	**TROMBONE**
DRUM	**ORGAN**	**TRUMPET**
FLUTE	**PIANO**	**VIOLIN**

Musical Words

A	L	S	C	H	L	A	H	O	C	O	Y
R	F	O	L	K	L	Y	A	T	H	I	D
E	X	U	A	F	O	D	R	R	A	R	O
P	I	N	S	T	R	U	M	E	N	T	L
O	Z	D	S	Y	D	E	O	C	T	I	E
U	Z	A	I	B	N	T	N	N	B	P	M
Y	A	C	C	N	A	O	Y	O	M	D	Q
J	J	X	A	T	K	N	H	C	T	Y	U
D	S	O	L	O	C	Z	D	P	Q	E	H
C	C	O	M	P	O	S	E	R	M	N	S
M	H	T	Y	H	R	G	N	I	S	Y	H
A	R	T	S	E	H	C	R	O	R	J	S

You might hear all these words when you are studying music. Find these in the puzzle.

BAND	**MELODY**
CHANT	**NOTES**
CLASSICAL	**OPERA**
COMPOSER	**ORCHESTRA**
CONCERTO	**RHYTHM**
DUET	**ROCK AND ROLL**
FOLK	**SING**
HARMONY	**SOLO**
HYMN	**SOUND**
INSTRUMENT	**SYMPHONY**
JAZZ	**TRIO**

Names, Names, Names

Answer the statements below and circle the 15 answers in the puzzle.

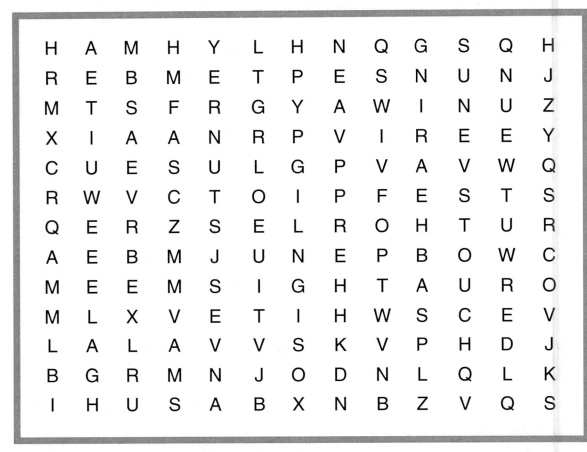

```
H  A  M  H  Y  L  H  N  Q  G  S  Q  H
R  E  B  M  E  T  P  E  S  N  U  N  J
M  T  S  F  R  G  Y  A  W  I  N  U  Z
X  I  A  A  N  R  P  V  I  R  E  E  Y
C  U  E  S  U  L  G  P  V  A  V  W  Q
R  W  V  C  T  O  I  P  F  E  S  T  S
Q  E  R  Z  S  E  L  R  O  H  T  U  R
A  E  B  M  J  U  N  E  P  B  O  W  C
M  E  E  M  S  I  G  H  T  A  U  R  O
M  L  X  V  E  T  I  H  W  S  C  E  V
L  A  L  A  V  V  S  K  V  P  H  D  J
B  G  R  M  N  J  O  D  N  L  Q  L  K
I  H  U  S  A  B  X  N  B  Z  V  Q  S
```

1. Name the two colors of the Canadian flag._____

_____

2. Name the four months that have exactly 30 days. _____

_____

3. Name the five senses._____

_____

4. Name the four planets closest to the sun.

_____

Nursery Rhyme Titles

```
I  A  E  G  L  S  D  T  E  K  F  T  Y  O  L  O
P  Y  C  E  I  I  U  A  U  Y  A  E  T  L  L  L
L  D  I  O  T  M  B  R  L  E  R  F  P  D  I  D
A  E  M  R  T  P  I  P  B  Y  J  F  M  M  J  K
D  R  D  G  L  L  X  S  Y  N  U  U  U  O  D  I
Y  E  N  I  E  E  S  K  O  G  K  M  D  T  N  N
B  R  I  E  B  S  N  C  B  Q  K  S  Y  H  A  G
U  A  L  P  O  I  N  A  E  W  B  S  T  E  K  C
G  S  B  O  P  M  J  J  L  I  R  I  P  R  C  O
L  E  E  R  E  O  G  B  T  Q  A  M  M  H  A  L
A  S  E  G  E  N  A  L  T  Q  V  E  U  U  J  E
D  O  R  I  P  L  S  R  I  Q  K  L  H  B  P  N
Y  R  H  E  O  O  C  U  L  W  N  T  M  B  V  O
B  J  T  P  A  T  A  C  A  K  E  T  K  A  X  T
U  D  E  B  O  T  Y  L  R  A  E  I  M  R  D  T
G  J  A  C  K  B  E  N  I  M  B  L  E  D  P  J
```

Do you remember most of these titles of nursery rhymes?
Find them in the puzzle.

EARLY TO BED	**LITTLE BO PEEP**
GEORGIE PORGIE	**LITTLE MISS MUFFET**
HUMPTY DUMPTY	**OLD KING COLE**
JACK AND JILL	**OLD MOTHER HUBBARD**
JACK BE NIMBLE	**PAT-A-CAKE**
JACK SPRAT	**ROSES ARE RED**
LADYBUG LADYBUG	**SIMPLE SIMON**
LITTLE BOY BLUE	**THREE BLIND MICE**

Only Proper Nouns, Please

```
M  O  N  D  A  Y  E  E  B  E  P  S  Z
Y  A  P  R  I  L  S  G  E  P  I  A  C
R  S  W  X  Y  E  K  K  M  O  C  M  W
A  C  L  L  N  A  O  G  C  R  A  U  H
U  X  A  I  O  R  D  H  T  U  S  E  S
R  S  H  N  E  B  I  R  V  E  S  L  I
B  C  E  H  A  C  A  T  U  M  O  M  L
E  N  C  A  A  D  W  R  U  T  J  S  G
F  Q  I  G  I  B  A  A  B  G  A  U  N
K  C  O  A  M  E  R  I  C  A  B  S  E
O  T  N  O  R  O  T  A  C  I  R  F  A
M  O  Z  A  R  T  O  L  L  O  P  A  R
G  J  A  S  P  Q  W  C  X  N  E  W  N
```

These are names of people, places, and things. Find them in the puzzle.

AFRICA	CANADA	MOZART
AMERICA	CHEROKEE	PICASSO
APOLLO	CHICAGO	SAMUEL
APRIL	CHINESE	SATURDAY
BARBARA	ENGLISH	TORONTO
	EUROPE	
	FEBRUARY	
	MONDAY	

Palindromes

```
D  U  D  I  C  S  Z  I  K  Z  B
D  E  E  D  E  F  M  A  S  O  M
L  E  V  E  L  V  Y  G  A  S  U
R  C  S  A  W  A  R  A  G  O  M
T  O  I  W  K  E  E  G  A  L  C
U  O  T  V  O  W  P  R  S  O  X
P  M  O  O  I  W  A  A  O  S  R
E  O  Y  T  R  C  P  J  B  A  N
E  M  E  Y  E  U  E  E  D  O  N
P  B  I  B  P  Y  R  A  O  U  B
M  A  D  A  M  M  R  N  N  B  R
```

Palindromes are words that are spelled the same whether you start with the first or last letter. Find the palindromes listed here and circle them in the puzzle.

BIB	**LEVEL**	**PUP**
BOB	**MADAM**	**RADAR**
CIVIC	**MOM**	**REPAPER**
DEED	**MUM**	**ROTOR**
DUD	**NOON**	**SAGAS**
EWE	**NUN**	**SEES**
EYE	**PEEP**	**SOLOS**
GAG		**TOOT**
KAYAK		**WOW**

People in Your Family

R	U	J	I	R	F	A	T	H	E	R	G
E	Q	V	N	M	E	U	Y	O	Y	R	N
H	L	Y	F	Z	N	T	T	B	A	G	N
T	V	R	K	C	R	N	H	N	A	P	O
O	R	I	L	E	B	S	D	G	L	B	S
R	A	E	H	Y	O	M	I	B	U	D	D
B	M	T	Y	Z	O	K	C	S	M	A	S
F	O	C	M	T	S	P	O	G	T	N	D
M	N	S	H	D	T	N	U	A	G	E	Z
M	B	E	P	U	V	Y	S	L	Z	E	R
K	R	S	N	X	M	E	I	N	A	A	X
R	E	H	T	A	F	D	N	A	R	G	J

Find these names of people found in the family.

AUNT	**DAUGHTER**	**MOTHER**
BABY	**FATHER**	**SISTER**
BROTHER	**GRANDFATHER**	**SON**
COUSIN	**GRANDMOTHER**	**UNCLE**

Planets of Our Solar System

```
S  N  H  T  R  A  E  I  S  V  O  O
A  U  E  W  A  A  L  R  G  E  T  C
T  Z  N  P  M  D  A  N  F  O  U  U
U  D  Y  E  T  M  E  W  I  Y  L  C
R  P  J  T  V  U  J  S  R  K  P  U
N  P  D  L  D  Y  N  U  R  E  R  C
U  J  T  R  L  M  C  E  K  A  X  J
B  E  O  Z  Y  R  L  D  N  B  H  V
U  Z  F  E  E  S  P  U  O  Y  J  B
D  S  S  M  B  C  S  E  S  I  O  Z
B  J  M  F  G  G  X  B  U  Y  F  I
T  T  U  W  J  U  P  I  T  E  R  P
```

We have eight planets and one dwarf planet in our solar system. Find their names in the puzzle.

EARTH   **PLUTO**

JUPITER   **SATURN**

MARS   **URANUS**

MERCURY   **VENUS**

NEPTUNE

Popular Female Names

```
B  I  Q  L  I  S  H  K  I  G  D  E  D  R  O
F  I  V  H  Y  A  D  E  B  B  I  E  X  E  J
A  R  U  A  L  R  G  H  D  M  S  A  X  B  Y
E  N  I  L  U  A  P  O  E  U  P  I  B  E  J
N  A  E  J  G  H  M  L  S  B  K  R  J  C  G
V  I  C  T  O  R  I  A  H  M  B  A  M  C  F
M  K  V  I  G  S  N  T  R  G  A  M  D  A  E
N  M  A  B  S  N  E  L  N  G  T  R  H  A  B
E  W  O  A  E  B  Z  E  A  O  A  T  Y  Y  R
K  N  A  N  A  R  L  H  J  N  R  R  Y  Q  O
E  B  E  Z  I  L  D  C  V  A  A  O  E  P  U
I  P  I  L  E  C  X  A  M  T  J  I  Y  T  P
P  L  P  Y  R  M  A  R  I  E  A  M  D  Q  T
E  Y  E  T  H  A  A  J  G  P  N  V  T  X  S
M  Y  D  Q  C  I  D  O  X  A  E  P  O  N  F
```

ANNE	**LAURA**	**PAULINE**
DARLENE	**MARGARET**	**RACHEL**
DEBBIE	**MARIA**	**REBECCA**
DIANA	**MARIE**	**SARAH**
ELIZABETH	**MARTHA**	**SUSAN**
ELLEN	**MARY**	**VICTORIA**
JANE	**MELISSA**	
JEAN	**MONICA**	

Popular Male Names

```
S  L  P  E  Y  E  D  W  A  R  D  U  X  P  R
Q  E  W  A  F  I  J  W  E  M  O  A  L  I  T
Z  O  L  B  U  A  U  A  G  B  K  B  C  O  J
D  J  X  R  L  L  A  N  A  Y  R  H  E  L  Q
A  H  B  E  A  Q  N  H  I  P  A  F  E  R  X
V  P  X  P  H  H  P  Y  T  R  K  I  B  H  T
I  E  P  F  T  K  C  Z  D  H  N  J  O  H  N
D  S  A  E  J  H  L  P  K  A  S  I  R  H  C
I  O  Y  A  K  T  M  Z  D  Q  S  M  L  Z  V
T  J  M  Z  M  I  W  B  U  X  D  H  E  Q  L
E  E  J  M  O  Y  M  G  M  A  I  L  L  I  W
S  K  A  Z  T  T  P  Y  W  E  G  Q  J  M  I
P  D  C  Y  L  O  P  B  Y  M  W  M  H  E  W
A  K  W  I  N  X  N  C  I  E  T  N  C  C  N
D  U  R  E  N  E  U  L  T  Y  J  K  W  V  G
```

ADAM	**JAMES**	**PAUL**
ALEX	**JOEL**	**RICHARD**
CHARLES	**JOHN**	**ROBERT**
CHRIS	**JOSEPH**	**RYAN**
DANIEL	**JUAN**	**TOM**
DAVID	**MIKE**	**WILLIAM**
EDWARD	**NICK**	

Proper Nouns

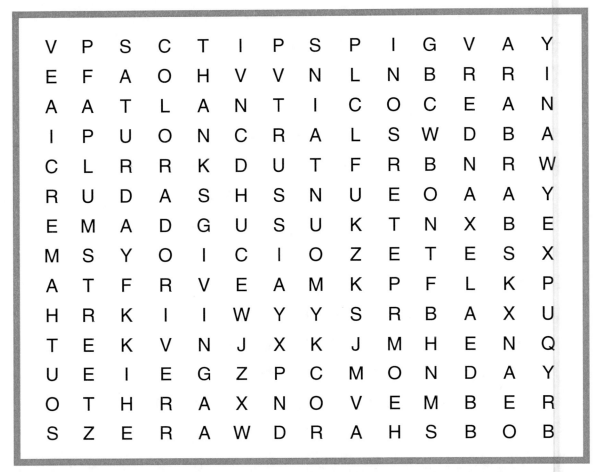

```
V  P  S  C  T  I  P  S  P  I  G  V  A  Y
E  F  A  O  H  V  V  N  L  N  B  R  R  I
A  A  T  L  A  N  T  I  C  O  C  E  A  N
I  P  U  O  N  C  R  A  L  S  W  D  B  A
C  L  R  R  K  D  U  T  F  R  B  N  R  W
R  U  D  A  S  H  S  N  U  E  O  A  A  Y
E  M  A  D  G  U  S  U  K  T  N  X  B  E
M  S  Y  O  I  C  I  O  Z  E  T  E  S  X
A  T  F  R  V  E  A  M  K  P  F  L  K  P
H  R  K  I  I  W  Y  Y  S  R  B  A  X  U
T  E  K  V  N  J  X  K  J  M  H  E  N  Q
U  E  I  E  G  Z  P  C  M  O  N  D  A  Y
O  T  H  R  A  X  N  O  V  E  M  B  E  R
S  Z  E  R  A  W  D  R  A  H  S  B  O  B
```

In the list below, find the 14 nouns that need to be capitalized. Then circle them in the puzzle.

russia	november	rocky mountains
screaming	atlantic ocean	three o'clock
blue car	word search	barbara
bob's hardware	mr. peterson	restaurant
monday	thanksgiving	saturday
colorful flag	colorado river	pepperoni pizza
elementary school	green eyes	alexander
plum street	north	lion
famous actor	south america	rain forest

44

Science Terms
A to Z

```
R  E  C  B  T  A  E  H  Z  V  J  C
N  E  O  K  N  T  E  F  O  O  D  L
U  I  P  I  J  A  C  A  O  L  N  O
L  S  M  T  R  E  S  E  D  C  E  U
N  A  E  T  I  L  E  L  S  A  T  D
L  I  H  F  A  L  C  V  Y  N  T  N
Z  T  O  M  U  S  E  D  R  O  I  A
L  J  M  J  Y  L  T  W  G  E  K  E
J  A  D  O  O  L  F  A  F  A  N  C
M  S  E  A  S  O  N  T  S  X  S  O
P  L  A  N  T  E  L  E  S  T  P  X
Y  E  A  R  D  J  Q  R  X  A  E  G
```

These are words you might hear when studying science.
Find them in the puzzle.

ANIMAL	JOIN	PLANT
BOIL	KITTEN	REPTILE
CLOUD	LEAF	SEASON
DESERT	MAMMAL	TASTE
EARTH	NERVE	USEFUL
FLOOD	OCEAN	VOLCANO
GAS		WATER
HEAT		YEAR
INSECT		ZOO

Sea Life

```
A  I  K  B  S  W  A  H  X  S  R  S
S  N  U  H  H  H  S  N  U  X  E  F
Q  X  E  A  S  I  A  P  U  A  T  D
U  Q  L  M  F  I  O  R  L  T  T  O
I  E  V  R  O  T  F  I  K  J  O  L
D  A  A  A  C  N  O  Y  A  C  A  P
G  T  F  O  A  N  E  T  L  K  E  H
S  A  N  C  H  O  V  Y  L  L  S  I
E  E  T  A  N  A  M  H  B  E  E  N
S  A  R  D  I  N  E  P  L  E  K  J
H  P  Y  Q  Z  N  N  D  C  N  O  E
A  D  U  C  A  R  R  A  B  R  Y  A
```

These are names of animals who live in or near the sea.
Find them in the puzzle.

ANCHOVY   OCTOPUS
ANEMONE   SARDINE
BARRACUDA   SEA LION
DOLPHIN   SEA OTTER
JELLYFISH   SHARK   SQUID
KELP   STARFISH
MANATEE   TUNA
   WHALE

Social Studies Terms A to Z

```
M  G  E  T  A  T  S  E  R  F  C  K
Z  I  E  K  R  B  X  I  E  I  I  T
L  A  R  E  T  P  L  L  H  Y  T  H
D  A  S  G  L  Y  R  O  T  S  I  H
A  E  G  O  L  V  M  I  A  O  Z  N
D  N  R  E  O  I  A  R  E  H  E  A
I  E  C  Y  L  I  P  D  W  W  N  T
B  L  A  I  F  O  S  S  I  L  A  I
E  G  I  Y  E  B  O  L  G  X  E  O
E  A  M  A  W  N  A  V  A  M  C  N
R  I  V  E  R  U  T  Y  C  N  O  W
U  N  I  T  E  T  E  G  H  A  D  Y
```

These are words you might hear when studying social studies.
Find them in the puzzle.

ANCIENT	FOSSIL	MAP	STATE
BAY	GLOBE	NATION	TRAIL
CITIZEN	HISTORY	OCEAN	UNITE
DESERT	ISLAND	PILGRIM	VOYAGE
EXPLORE	LEGAL	RIVER	WEATHER

They're All Part of Us

```
D   Y   Z   H   C   F   C   K   F   R   R   Y
P   A   A   H   R   M   O   A   M   E   X   Q
D   N   E   A   Q   E   R   O   O   D   V   J
D   E   E   H   S   U   H   A   T   L   T   J
K   R   L   O   I   C   Q   J   E   U   A   E
T   W   N   L   A   V   L   S   O   O   M   E
A   K   R   M   R   I   A   H   T   H   O   N
X   N   O   H   E   E   L   N   K   S   U   K
D   T   K   F   I   N   G   E   R   E   T   L
S   Y   F   L   E   B   W   C   S   E   H   W
W   O   B   L   E   Y   R   K   A   L   E   G
K   U   G   K   A   W   E   Q   T   Z   I   D
```

These are names of parts of your body. Find them in the puzzle.

ANKLE	**CHEEK**	**HEEL**
ARM	**EAR**	**KNEE**
	ELBOW	**LEG**
	EYE	**MOUTH**
	FINGER	**NECK**
	FOOT	**NOSE**
	HAIR	**SHOULDER**
	HAND	**STOMACH**
	HEAD	**TOE**

Watch Them Go

U	X	B	E	Y	T	C	S	P	J	S	T
N	O	E	L	L	A	R	E	H	K	N	R
O	I	T	C	R	C	E	I	A	I	E	A
G	J	V	Y	K	J	Y	T	C	L	P	I
A	W	Z	C	T	A	E	C	I	Y	Y	N
W	S	V	I	N	B	Y	A	O	E	L	X
N	L	K	B	O	A	R	A	X	T	T	E
Z	E	I	A	N	T	V	X	K	W	O	T
B	D	R	A	O	B	F	R	U	S	R	M
Q	D	S	C	O	O	T	E	R	U	Z	M
B	O	A	T	S	U	B	P	C	Z	M	X
E	N	A	L	P	Y	H	K	N	Y	R	V
E	R	E	L	C	Y	C	R	O	T	O	M

These are names of types of vehicles. Find them in the puzzle.

BICYCLE	KAYAK	
BOAT	MOTORCYCLE	
BUS	PLANE	
CAR	SCOOTER	
JEEP	SHIP	TRAIN
	SKATEBOARD	TRICYCLE
	SLED	TRUCK
	SURFBOARD	VAN
	TRAILER	WAGON

What You Buy at the Market

```
R  D  P  U  O  S  O  M  F  F  S  N
E  N  V  C  S  R  X  L  I  R  Z  O
T  C  U  J  A  A  O  X  E  L  U  O
T  N  I  N  I  U  N  K  L  S  K  D
U  F  G  U  R  C  C  A  N  Q  S  L
B  E  B  F  J  A  E  A  N  O  O  E
S  R  R  G  R  R  E  C  D  A  D  S
R  A  E  C  E  B  A  A  R  H  B  U
I  G  A  C  O  T  U  R  K  E  Y  Q
C  U  D  O  L  L  E  J  Z  F  A  Z
E  S  T  O  M  A  T  O  E  S  R  M
E  C  U  T  T  E  L  E  G  G  S  L
```

Are there many of your favorites here? Find their names
in the puzzle.

BANANAS	**SUGAR**	**NOODLES**	**ICE CREAM**
BUTTER	**BEANS**	**SODA**	**LETTUCE**
EGGS	**CEREAL**	**TOMATOES**	**ORANGES**
JELLO	**FLOUR**	**BREAD**	**SOUP**
MILK	**JUICE**	**CRACKERS**	**TURKEY**
RICE			

What You Put on a Hamburger

```
K E T A H B B H E S E Q E
E S C O T A M O T J L X C
T E S O C R D S J Q P N U
C E V O L B R G H Z P M T
H H N H N E S A L S A P T
U C K O P C S K A Y E I E
P F I P U U D L O J N C L
F N E P L E S N A U I K I
O P W T A S N S O W P L G
S E L O M A C A U G F E T
C H I L I U D R A T S U M
D H I S K C R E L I S H M
J U E C T E R I Y A K I T
```

In the puzzle, find these 17 things you can put on a hamburger.

BACON	**LETTUCE**	**RELISH**
BARBECUE SAUCE	**MAYONNAISE**	**SALSA**
CHEESE	**MUSTARD**	**TERIYAKI**
CHILI	**ONION**	**TOMATO**
COLESLAW	**PEPPERS**	
GUACAMOLE	**PICKLE**	
KETCHUP	**PINEAPPLE**	

What We Wear

A	P	G	D	S	W	A	H	D	T	E
B	S	Z	H	W	L	X	A	A	R	S
S	H	O	R	T	S	A	T	N	I	U
L	J	Q	O	H	E	T	D	T	H	O
S	Z	U	O	O	E	B	R	N	S	L
G	T	E	M	K	U	I	E	K	A	B
B	S	N	C	P	K	X	S	L	O	S
F	M	A	A	S	E	I	S	L	T	W
Q	J	V	K	P	Y	R	C	O	A	T
T	I	U	S	G	N	I	H	T	A	B
S	K	C	O	S	T	L	R	Y	P	Y

Find the names of clothing articles in the puzzle.

BATHING SUIT	**HAT**	**SHIRT**
BELT	**JACKET**	**SHOES**
BLOUSE	**JUMPER**	**SHORTS**
COAT	**PANTS**	**SKIRT**
DRESS	**SANDALS**	**SOCKS**

What's for Breakfast?

```
B  O  R  A  N  G  E  J  U  I  C  E  L  L
O  V  R  F  R  E  M  U  F  F  I  N  L  W
A  E  L  F  R  H  S  N  E  R  F  O  H  H
S  G  G  E  D  E  L  B  M  A  R  C  S  E
T  G  P  A  G  O  N  E  A  N  C  I  B  A
A  I  J  A  S  A  J  C  O  C  N  B  K  T
U  E  U  U  N  U  B  M  H  A  O  E  L  T
S  O  T  R  I  C  A  N  D  T  G  N  I  O
A  M  A  H  F  N  A  E  M  A  O  U  M  A
G  E  R  A  N  H  S  K  S  T  C  A  H  S
H  L  C  I  G  E  S  U  E  S  O  N  S  T
E  E  C  J  E  J  A  E  I  S  O  W  S  T
N  T  E  H  A  S  H  B  R  O  W  N  S  T
K  L  C  M  L  F  E  L  F  F  A  W  S  T
```

How many of these have you eaten for breakfast? Find their names in the puzzle.

BACON	**MILK**
BAGEL	**MUFFIN**
BISCUIT	**ORANGE JUICE**
CHEESE DANISH	**PANCAKES**
CINNAMON ROLL	**SAUSAGE**
FRENCH TOAST	**SCRAMBLED EGGS**
FRESH FRUIT	**VEGGIE OMELET**
HAM	**WAFFLE**
HASH BROWNS	**WHEAT TOAST**

Which One Does Not Belong?

One word in each group below is in a different category than the others. Find that word and circle it in the puzzle.

```
R  E  R  H  O  T  D  O  G  S  G  S
A  T  J  A  T  I  Z  R  J  A  H  R
C  W  I  K  A  U  E  X  B  O  A  R
C  H  H  U  P  R  Z  H  V  B  P  E
O  G  N  I  X  F  T  E  Y  J  J  T
O  T  I  V  S  E  L  D  F  X  T  T
N  R  C  P  L  P  N  H  S  G  A  U
I  S  E  L  V  A  E  B  U  J  H  B
F  R  A  S  C  R  K  R  S  Y  R  C
R  W  O  G  A  G  O  T  A  M  O  T
V  G  V  X  X  R  G  O  N  H  F  I
S  F  P  T  G  R  E  Y  N  X  K  R
```

RELISH, HOT DOG, MUSTARD, KETCHUP	FORK, SPOON, SHOVEL, KNIFE
CATHY, CAROL, SUSAN, CHERYL	CARNATION, ROSE, DAISY, TOMATO
PIE, CAKE, BROWNIE, CANDY BAR	BOY, LAD, AUNT, MAN
LIME, CELERY, BROCCOLI, GRAPEFRUIT	LAUGH, CRY, CHUCKLE, GIGGLE
DUCK, TURKEY, GOOSE, PIG	SHOUT, WHISPER, SCREAM, YELL
MARKER, ERASER, CHALK, PEN	DOG, GOLDFISH, PARAKEET, RACCOON
BAGEL, MUFFIN, BREAD, BUTTER	HAT, GLOVES, WALLET, BELT

Words That Show Direction

```
N E A R U E T T V F B D
T N O P U H R D S E Z N
N H H T R O N O Y E R U
W M E O N I I O F L W O
O B U R H I N W O E L R
D G E E E D S H A V B A
H U B S W T I K T J E F
S N G O I I D W V U V R
K D L V V D E Y I J O I
C E B A F T E R U Q B S
B R V E D I S T U O A B
A C R O S S T S A E I K
```

Sometimes these words are called prepositions. Find them in the puzzle.

ABOVE	**BEYOND**	**OUTSIDE**
ACROSS	**DOWN**	**OVER**
AFTER	**EAST**	**SOUTH**
AROUND	**FAR**	**THERE**
BEFORE	**INSIDE**	**THROUGH**
BEHIND	**INTO**	**UNDER**
BELOW	**NEAR**	**UPON**
BESIDE	**NORTH**	**WEST**

Answer Key

Page 4

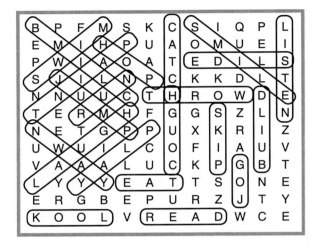

Page 5

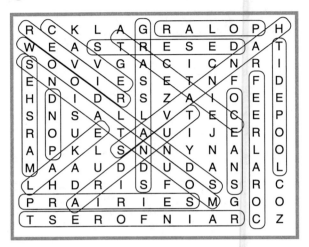

Page 6

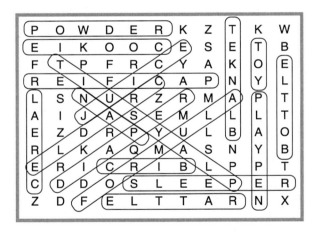

Page 7

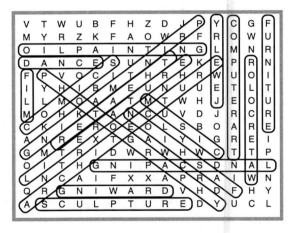

Page 8

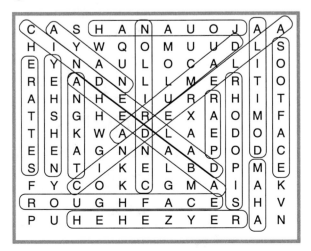

Page 9

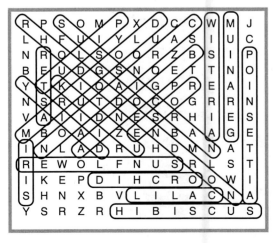

Answer Key *(cont.)*

Page 10

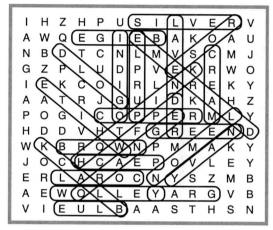

Page 11

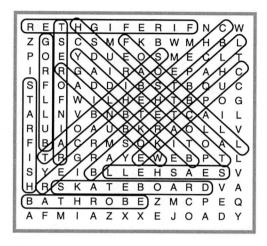

Page 12

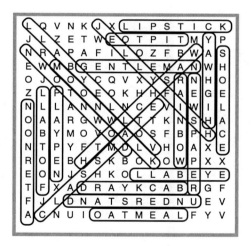

Page 13

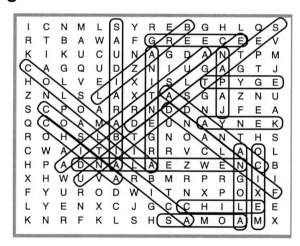

Page 14

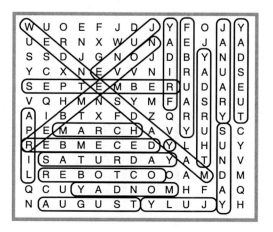

Page 15

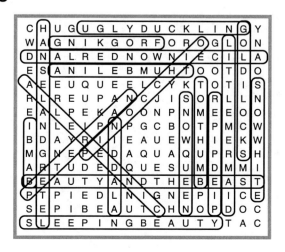

Answer Key *(cont.)*

Page 16

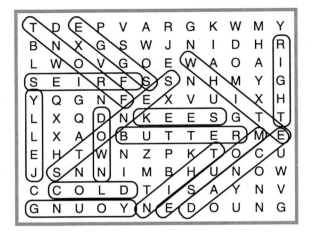

Page 17

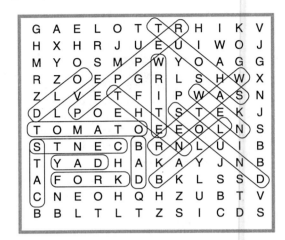

Page 18

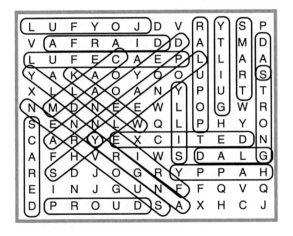

Page 19

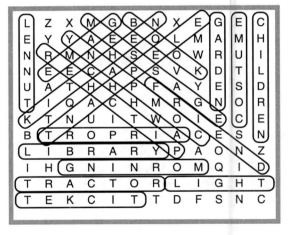

Page 20

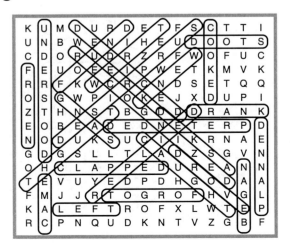

Page 21

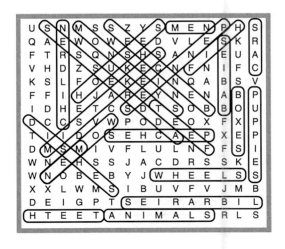

Answer Key *(cont.)*

Page 22

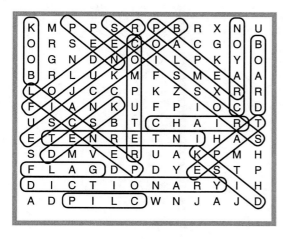

Page 23

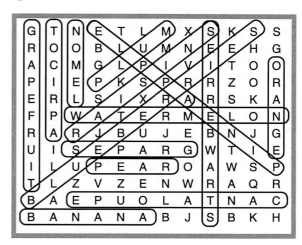

Page 24

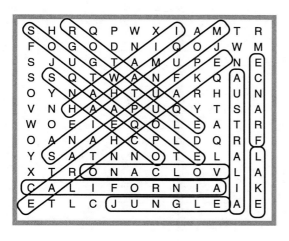

Page 25

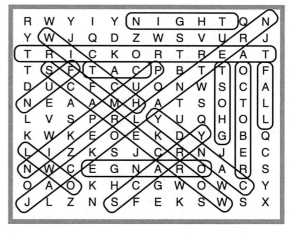

Page 26

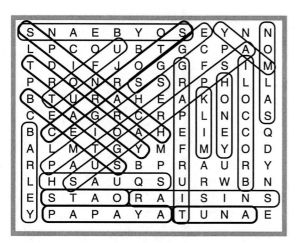

Page 27

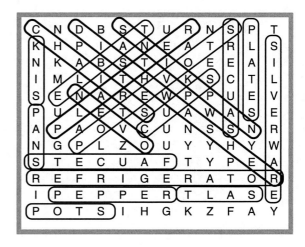

Answer Key (cont.)

Page 28

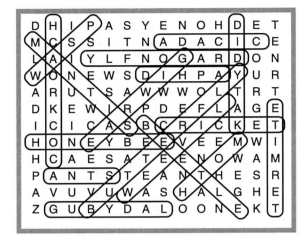

Page 29

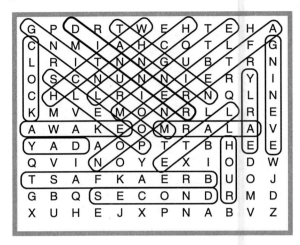

Page 30

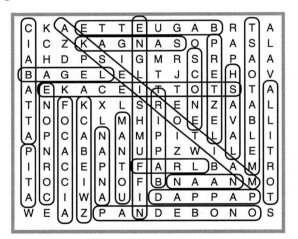

Page 31

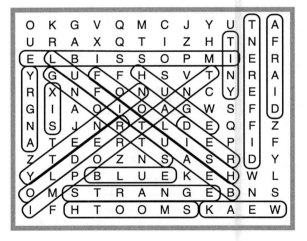

Page 32

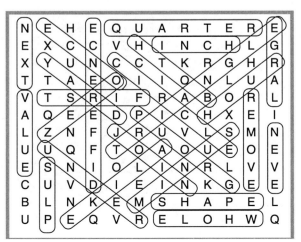

Page 33

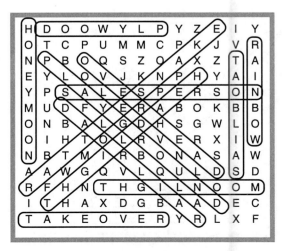

Answer Key (cont.)

Page 34

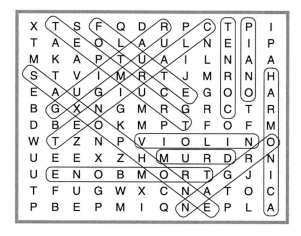

Page 35

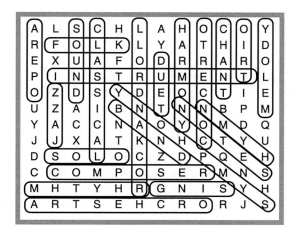

Page 36

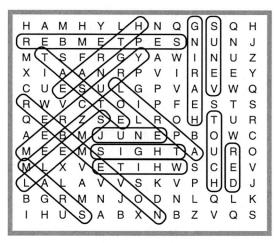

Page 37

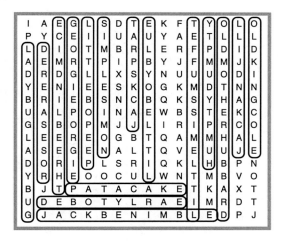

Page 38

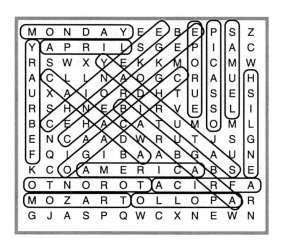

Page 39

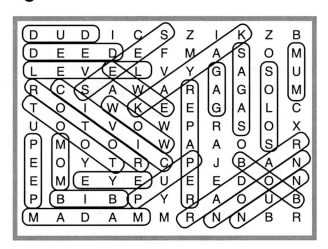

Answer Key (cont.)

Page 40

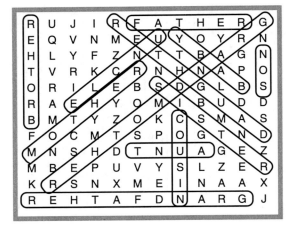

Page 41

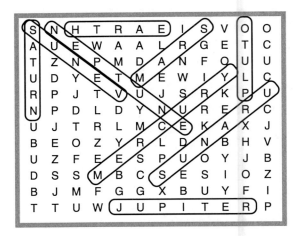

Page 42

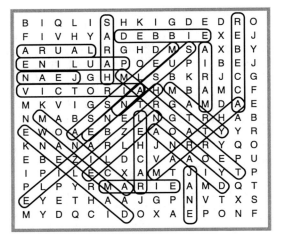

Page 43

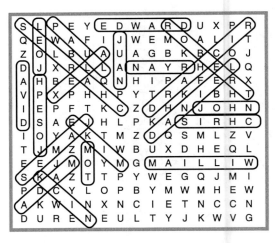

Page 44

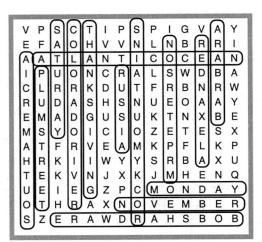

Page 45

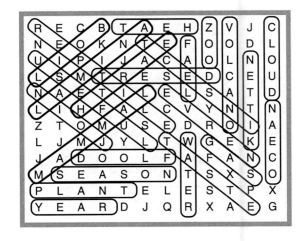

Answer Key (cont.)

Page 46

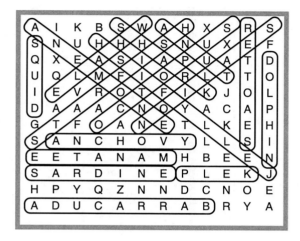

Page 47

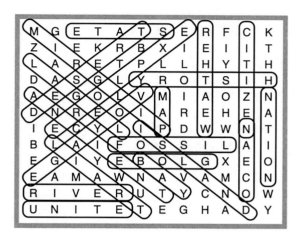

Page 48

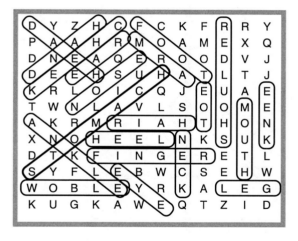

Page 49

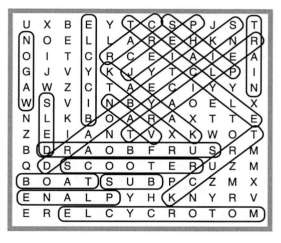

Page 50

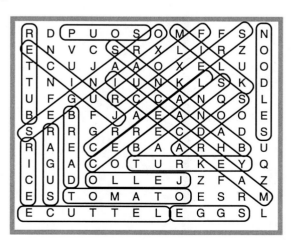

Page 51

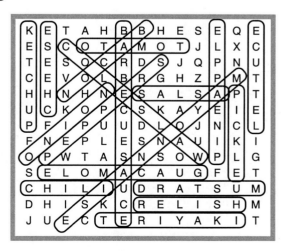

Answer Key *(cont.)*

Page 52

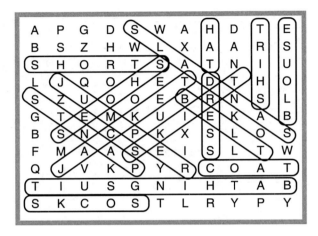

Page 53

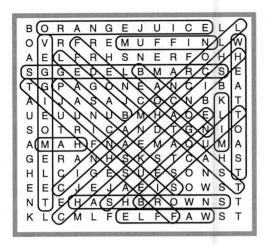

Page 54

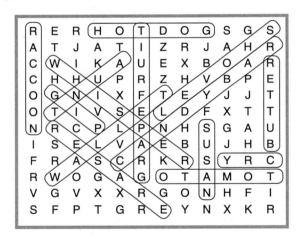

Page 55

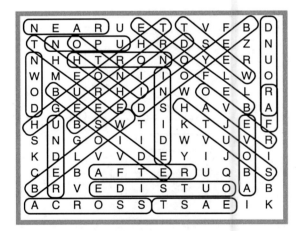